Impressum
Verlag: BABADADA GmbH, Nedderfeld 112 , 22529 Hamburg
Geschäftsführer / Verlagsleitung: Harald Hof
Druck: Books on Demand GmbH, In de Tarpen 42, 22848 Norderstedt

Imprint
Publisher: BABADADA GmbH, Nedderfeld 112 , 22529 Hamburg, Germany
Managing Director / Publishing direction: Harald Hof
Print: Books on Demand GmbH, In de Tarpen 42, 22848 Norderstedt

المدرسة
koulu

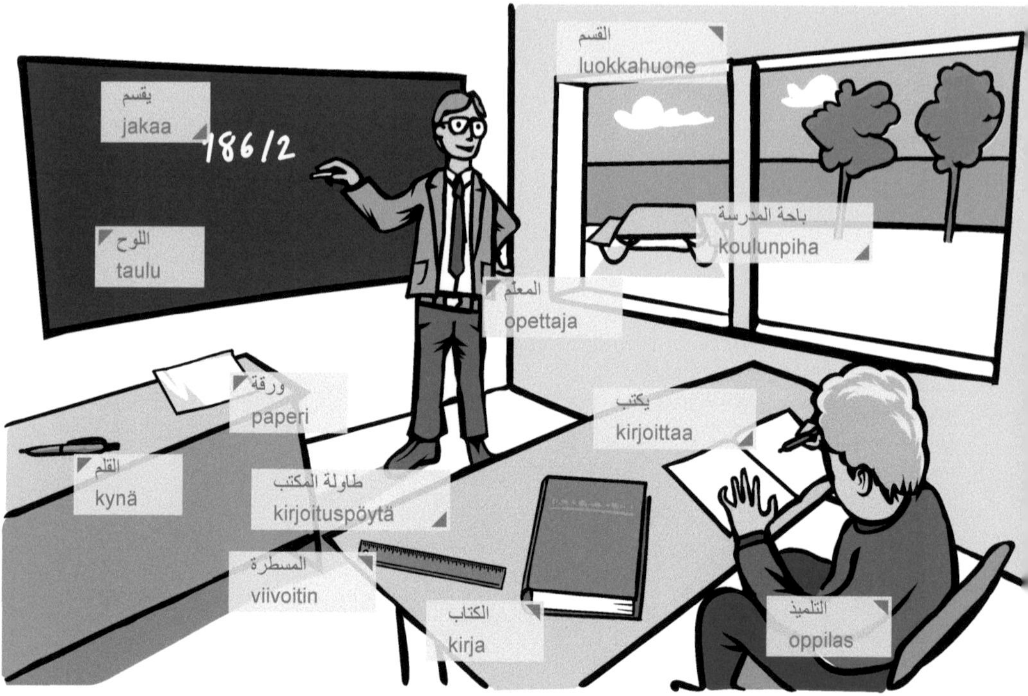

يقسم
jakaa
186/2
اللوح
taulu
القسم
luokkahuone
باحة المدرسة
koulunpiha
المعلّم
opettaja
ورقة
paperi
يكتب
kirjoittaa
القلم
kynä
طاولة المكتب
kirjoituspöytä
المسطرة
viivoitin
الكتاب
kirja
التلميذ
oppilas

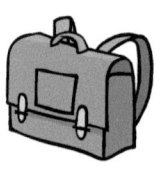

الحقيبة المدرسية

reppu

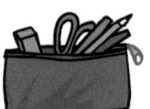

المقلمة

penaali

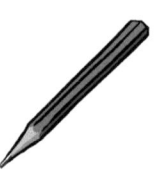

قلم الرصاص

lyijykynä

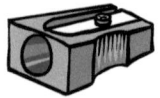

البرّاية

kynänteroitin

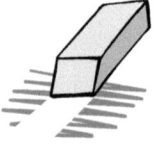

المِمحاة

pyyhekumi

دفتر الرسم

piirustuslehtiö

الرسمة

piirustus

الفرشاة

pensseli

علبة التلوين

vesivärit

المقص

sakset

المادة اللاصقة

liima

دفتر التمارين

harjoituskirja

الواجب المدرسي

kotitehtävä

12

الرقم

luku

2+2

يجمع

lisätä

5-2

يطرح

vähentää

2×2

يضرب

kertoa

يحسب

laskea

A

الحرف

kirjain

ABCDEFG
HIJKLMN
OPQRSTU
VWXYZ

الأبجدية

aakkoset

hello

كلمة

sana

النص

teksti

يقرأ

lukea

الطبشور

liitu

الحصة

oppitunti

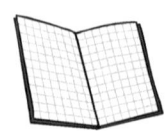

دفتر الدوام المدرسي

opettajan muistikirja

الامتحان

koe

شهادة

todistus

اللباس المدرسي

koulupuku

التعليم

koulutus

الموسوعة

sanakirja

الجامعة

yliopisto

المجهر

mikroskooppi

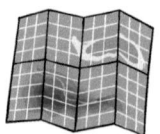

الخريطة

kartta

قماما

roskakori

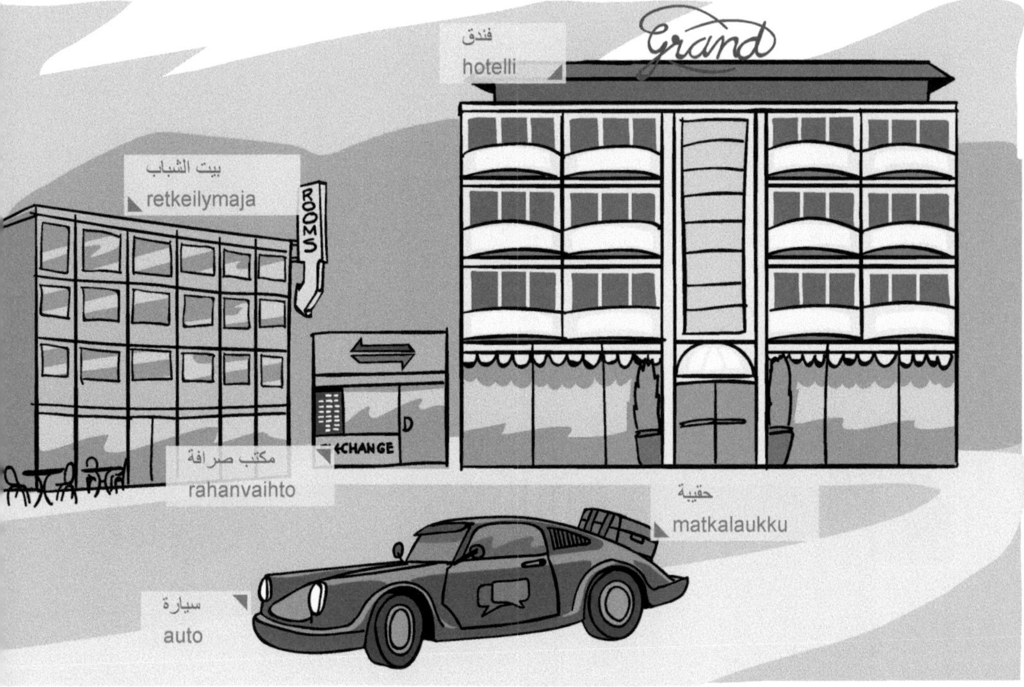

فندق
hotelli
Grand
بيت الشباب
retkeilymaja
ROOMS
مكتب صرافة
rahanvaihto
حقيبة
matkalaukku
سيارة
auto

اللغة

kieli

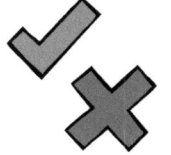

نعم / لا

kyllä / ei

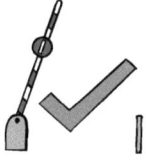

حسناً

selvä

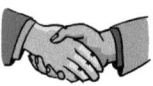

مرحباً

hei

مترجم

tulkki

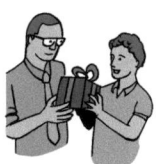

شكراً

kiitos

كم ثمن ... ؟

Paljonko...maksaa?

لا أفهم

en ymmärrä

مشكلة

ongelma

مساء الخير

Hyvää iltaa!

صباح الخير!

Hyvää huomenta!

ليلة سعيدة

Hyvää yötä!

إلى اللقاء

näkemiin

اتجاه

suunta

أمتعة السفر

matkatavarat

حقيبة

laukku

حقيبة ظهر

reppu

ضيف

vieras

غرفة

huone

كيس للنوم

makuupussi

خيمة

teltta

استعلامات سياحية

turisti-info

شاطئ

ranta

بطاقة انتمان

luottokortti

إفطار

aamupala

طعام الغداء

lounas

العشاء

päivällinen

بطاقة سفر

matkalippu

مصعد

hissi

طابع بريدي

postimerkki

حدود

raja

الجمارك

tulli

سفارة

suurlähetystö

تأشيرة

viisumi

جواز سفر

passi

نقل

kuljetus

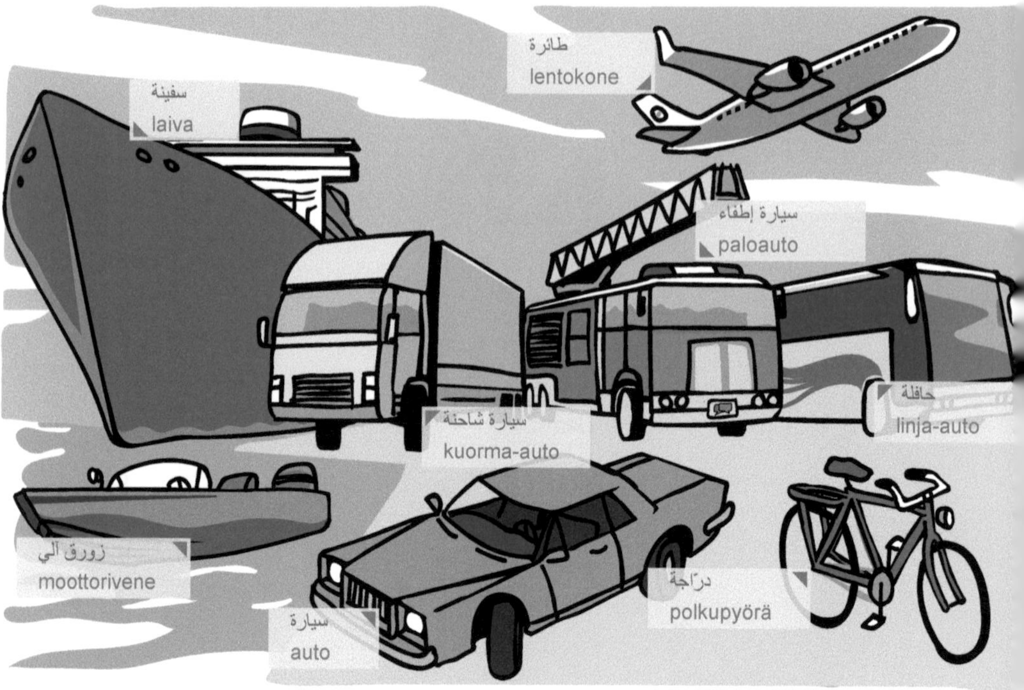

طائرة
lentokone
سفينة
laiva
سيارة إطفاء
paloauto
حافلة
linja-auto
سيارة شاحنة
kuorma-auto
زورق آلي
moottorivene
درّاجة
polkupyörä
سيارة
auto

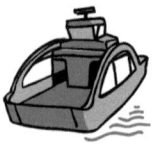

عبارة

lautta

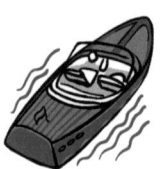

قارب

vene

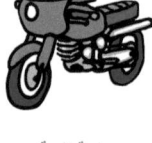

دراجة نارية

moottoripyörä

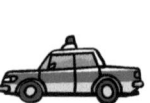

سيارة شرطة

poliisiauto

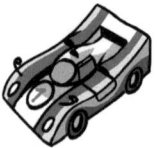

سيارة سباق

kilpa-auto

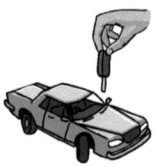

سيارة مستأجرة

vuokra-auto

أسلوب تشاركي في استئجار السيارات

car sharing

سيارة للجر

hinausauto

سيارة نقل القمامة

roska-auto

محرك

moottori

وقود

polttoaine

محطة وقود

huoltoasema

إشارة مرور

liikennemerkki

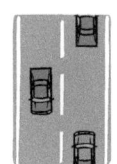

حركة السير

liikenne

ازدحام سير

ruuhka

موقف سيارات

parkkipaikka

محطة قطار

rautatieasema

سكك حديدية

raiteet

قطار

juna

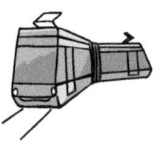

ترام

raitiovaunu

عربة قطار

vaunu

طائرة مروحية

helikopteri

مطار

lentokenttä

برج

lähilennonjohto

مسافر

matkustaja

حاوية

kontti

علبة كرتون

pahvilaatikko

عربة يد

kärryt

سلة

kori

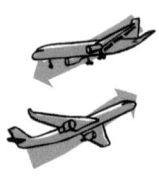

يقلع / يهبط

nousta / laskea

مدينة

kaupunki

قرية

kylä

مركز المدينة

keskusta

بيت

talo

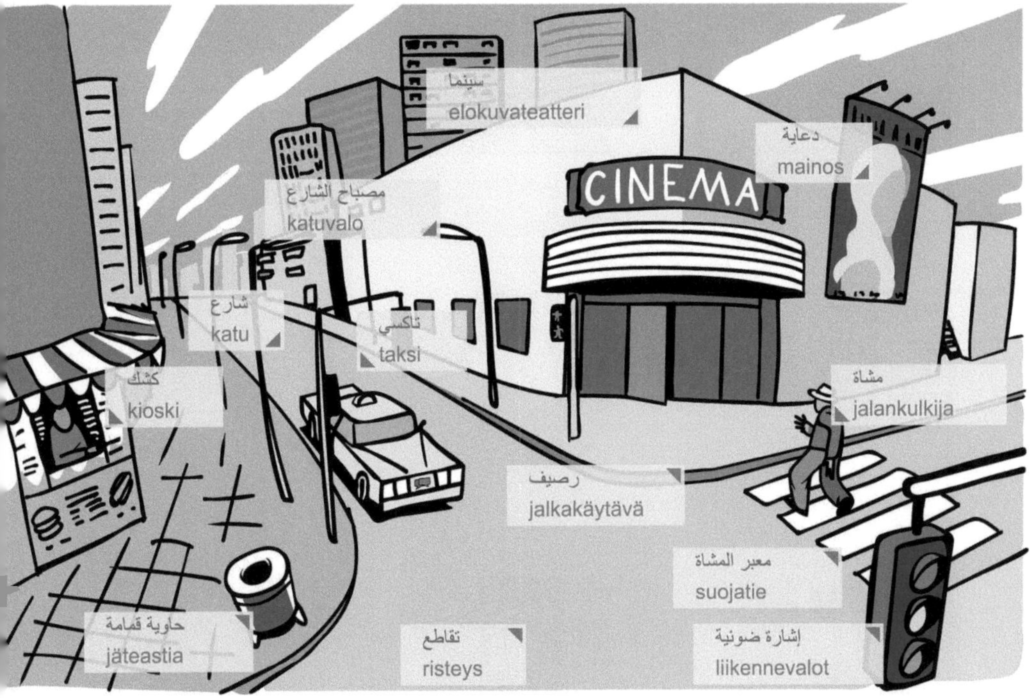

سينما
elokuvateatteri

دعاية
mainos

مصباح الشارع
katuvalo

CINEMA

شارع
katu

تاكسي
taksi

كشك
kioski

مشاة
jalankulkija

رصيف
jalkakäytävä

معبر المشاة
suojatie

حاوية قمامة
jäteastia

تقاطع
risteys

إشارة ضوئية
liikennevalot

كوخ
mökki

شقة
kerrostalo

محطة قطار
rautatieasema

دار البلدية
kaupungintalo

متحف
museo

المدرسة
koulu

الجامعة

yliopisto

مصرف

pankki

المستشفى

sairaala

فندق

hotelli

صيدلية

apteekki

مكتب

toimisto

مكتبة

kirjakauppa

متجر

liike

محل لبيع الزهور

kukkakauppa

سوبرماركت

supermarketti

سوق

tori

متجر كبير

tavaratalo

تاجر السمك

kalakauppias

مركز تسوّق

ostoskeskus

ميناء

satama

حديقة عامة

puisto

مقعد

penkki

جسر

silta

درج، سلم

portaat

مترو

metro

نفق

tunneli

موقف حافلات

linja-autopysäkki

بار

baari

مطعم

ravintola

صندوق البريد

postilaatikko

لافتة باسم الشارع

katukyltti

مقياس زمن الوقوف

parkkimittari

حديقة حيوانات

eläintarha

مسبح

uimala

مسجد

moskeija

مزرعة

maatila

تلوث البيئة

ympäristön saastuminen

مقبرة

hautausmaa

كنيسة

kirkko

ملعب الأطفال

leikkikenttä

معبد

temppeli

طبيعة ريفية

maisema

ورقة
lehti

علامة إرشاد
tienviitta

طَريق
tie

مرج
niitty

حجر
kivi

شجرة
puu

رحالة
retkeilijä

نهر
joki

عشب
ruoho

زهرة
kukka

وادٍ
laakso

جبل
vuori

بحيرة
järvi

غابة
metsä

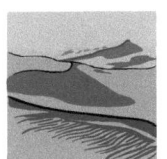

صحراء
aavikko

بركان
tulivuori

قلعة
linna

قوس قزح
sateenkaari

فطر
sieni

نخلة
palmu

بعوض
hyttynen

ذبّانة
kärpänen

نملة
muurahainen

نحلة
mehiläinen

عنكبوت
hämähäkki

خنفساء

kovakuoriainen

ضفدعة

sammakko

سنجاب

orava

قنفذ

siili

أرنب

jänis

بومة

pöllö

عصفور

lintu

بجعة

joutsen

خنزير برّي

villisika

غزال

peura

إلكة

hirvi

سد

pato

دولاب الطاحونة الهوائية

tuulimylly

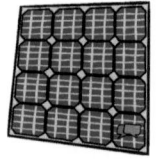

خلية شمسية

aurinkopaneeli

مناخ

ilmasto

مطعم
ravintola

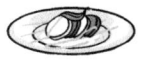

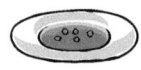

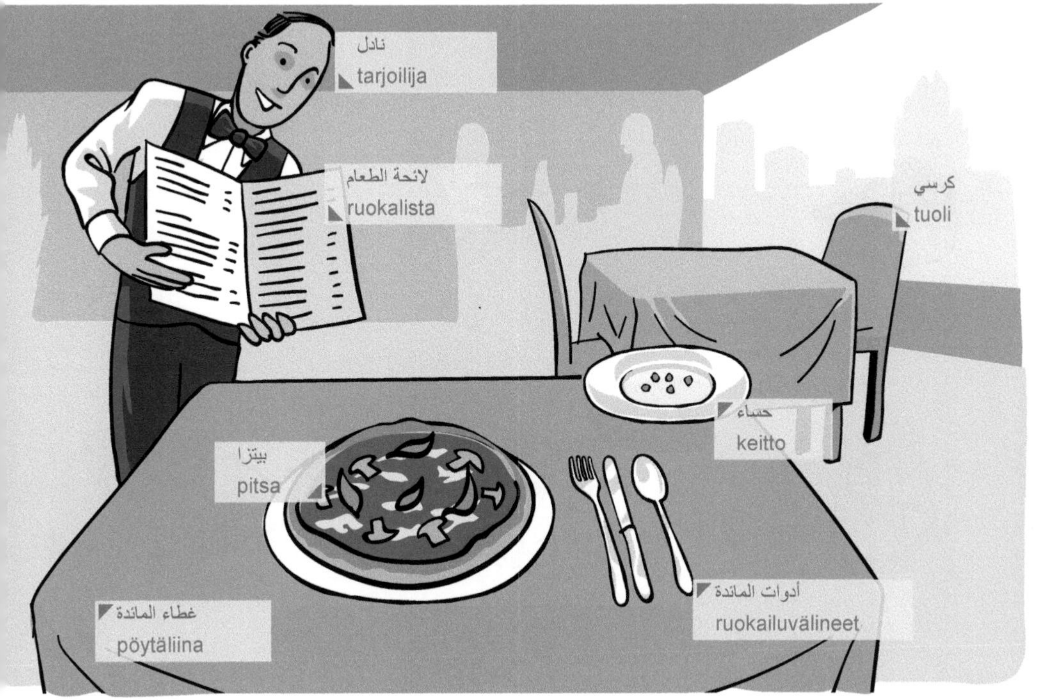
نادل
tarjoilija
لائحة الطعام
ruokalista
كرسي
tuoli
حساء
keitto
بيتزا
pitsa
أدوات المائدة
ruokailuvälineet
غطاء المائدة
pöytäliina

مقبلات
alkuruoka

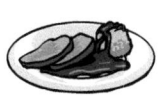

الصحن الرئيسي
pääruoka

حلوى أو فاكهة بعد الطعام
jälkiruoka

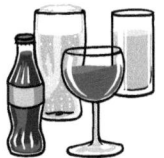

مشروبات
juomat

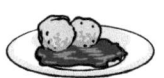

طعام
ruoka

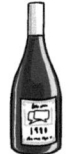

زجاجة
pullo

وجبات سريعة

pikaruoka

طعام الشارع

katuruoka

إبريق الشاي

teekannu

علبة السكر

sokeriastia

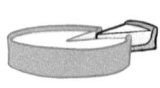

حصّة

annos

آلة الإسبريسو

espressokeitin

كرسي عالٍ

syöttötuoli

فاتورة

lasku

صينية

tarjotin

سكين

veitsi

شوكة

haarukka

ملعقة

lusikka

ملعقة الشاي

teelusikka

منديل المائدة

servietti

كأس

lasi

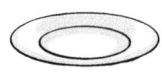

صحن

lautanen

صحن الحساء

syvä lautanen

صحن الفنجان

aluslautanen

صلصة

kastike

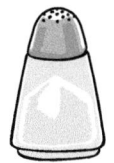

مملحة

suolasirotin

مطحنة الفلفل

pippurimylly

خلّ

etikka

زيت الطعام

öljy

توابل

mausteet

كتشاب

ketsuppi

خردل

sinappi

مايونيز

majoneesi

سوبرماركت

supermarketti

عرض خاص
tarjous
FOR
زبون
asiakas
مشتقات الحليب
maitotuotteet
فواكه
hedelmät
عربة تسوق
ostoskärryt

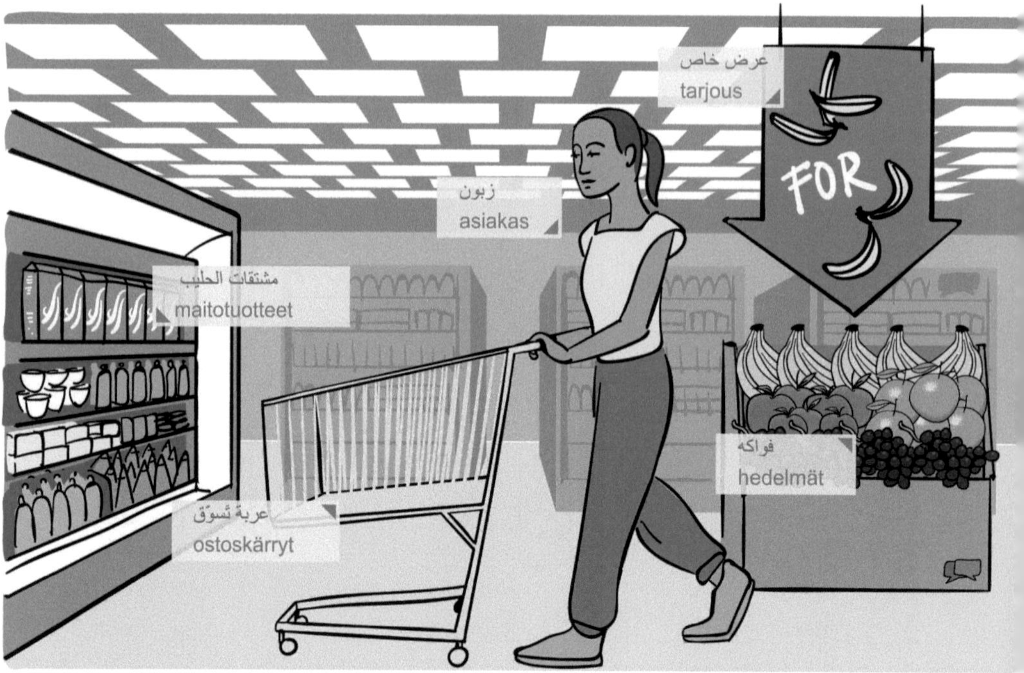

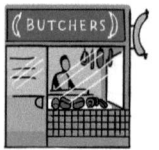

BUTCHERS

جزّار

....

teurastamo

BAKERY

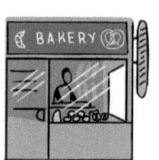

مخبز

....

leipomo

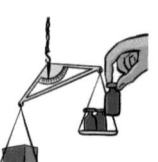

يزن

....

punnita

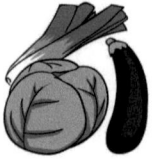

خضار

....

kasvikset

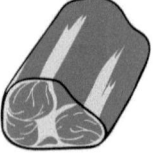

لحم

....

liha

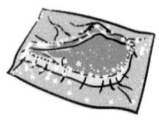

المأكولات المجمّدة

....

pakasteet

مرتدلا أو جبن

leikkele

معلّبات

säilykkeet

مسحوق الغسيل

pesujauhe

حلويات

makeiset

المواد المنزلية

kotitaloustarvikkeet

منظّفات

puhdistusaineet

بائعة

myyjä

صندوق الحساب

kassa

أمين صندوق

kassanhoitaja

قائمة المشتريات

ostoslista

أوقات العمل

aukioloajat

محفظة النقود

lompakko

بطاقة ائتمان

luottokortti

حقيبة

kassi

كيس بلاستيكي

muovipussi

ماء
....
vesi

عصير
....
mehu

حليب
....
maito

كولا
....
kokis

نبيذ
....
viini

بيرة
....
olut

كحول
....
alkoholi

كاكاو
....
kaakao

شاي
....
tee

قهوة
....
kahvi

قهوة إسبريسو
....
espresso

كابوتشينو
....
cappuccino

موزة

banaani

تفاح

omena

برتقال

appelsiini

بطيخ

meloni

ليمون

sitruuna

جزرة

porkkana

ثوم

valkosipuli

خيزران

bambu

بصل

sipuli

فطر

sieni

لوزيات

pähkinät

شعيرية

spagetti

سباغيتي

spagetti

أرزّ

riisi

سلطة

salaatti

بطاطا مقلية

ranskalaiset

بطاطا مقلية

paistetut perunat

بيتزا

pitsa

هامبورغر

hampurilainen

ساندويش

voileipä

شريحة لحم مقلية

leike

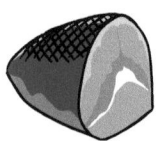

لحم خنزير

kinkku

سلامي

salami

سجق

makkara

دجاج

kana

لحم محمر

paisti

سمك

kala

دقيق الشوفان

kaurahiutaleet

موسلي

mysli

كورن فلكس

murot

طحين

jauho

كرواسان

voisarvi

خبز صغير

sämpylä

خبز

leipä

خبز محمص

paahtoleipä

بسكويت

keksit

زبدة

voi

لبن زبادي

rahka

كعكة

kakku

بيضة

kananmuna

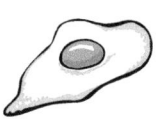

بيض مقلي

paistettu kananmuna

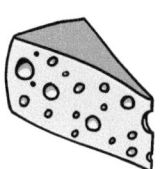

جبنة

juusto

مُثلَّجات

jäätelö

سكر

sokeri

عسل

hunaja

مربّى الفاكهة

hillo

كريم النوغا

suklaapähkinälevite

الكاري

curry

بيت الفلاح
maatila

مخزن غلال
lato; liiteri

رزمة من التبن
heinäpaali

حقل
pelto

حصان
hevonen

مقطورة
peräkärry

جرار
traktori

مهر
varsa

حمار
aasi

خروف
lammas

خروف
karitsa

ماعز

vuohi

بقرة

lehmä

عجل

vasikka

خنزير

sika

خنزير صغير

porsas

ثور

sonni

إوزّة

hanhi

بطة

ankka

صوص

tipu

دجاجة

kana

ديك

kukko

جرذ

rotta

قطّة

kissa

فأر

hiiri

ثور

härkä

كلب

koira

كوخ الكلب

koirankoppi

خرطوم الحديقة

puutarhaletku

إبريق

kastelukannu

منجل

viikate

المحراث

aura

منجل

sirppi

معزقة

kuokka

مذراة الزبل

talikko

بلطة

kirves

عربة يد

kottikärryt

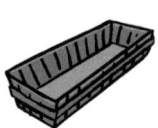

معلف

kaukalo

صفيحة الحليب

maitokannu

كيس

säkki

سياج

aita

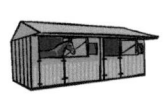

اصطبل

talli

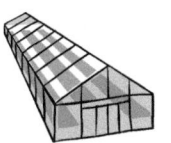

دفيئة

kasvihuone

تربة

maa

بذور

siemen

سماد

lannoite

حصّادة درّاسة

leikkuupuimuri

يحصد

kerätä sato

محصول

sato

بطاطا يامس

jamssit

قمح

vehnä

صويا

soija

بطاطا

peruna

ذرة

maissi

سلجم

rypsi

شجرة فاكهة

hedelmäpuu

نبات منيهوت

maniokki

الحبوب

vilja

بيت
talo

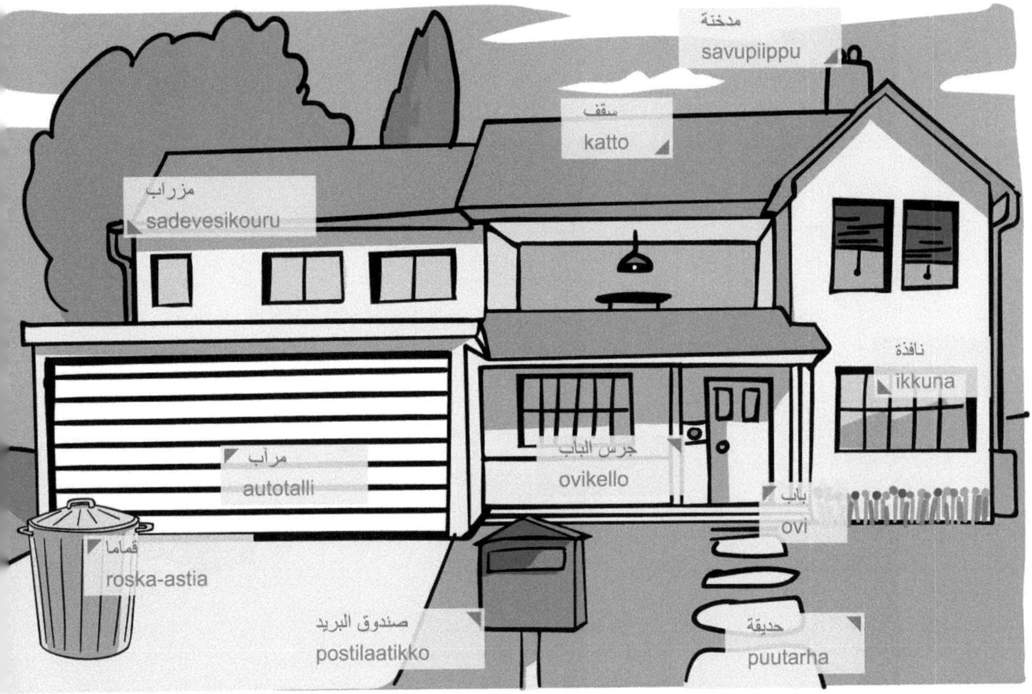

مدخنة
savupiippu
سقف
katto
مزراب
sadevesikouru
نافذة
ikkuna
مرآب
autotalli
جرس الباب
ovikello
باب
ovi
قماما
roska-astia
صندوق البريد
postilaatikko
حديقة
puutarha

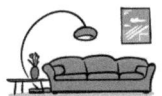

غرفة جلوس

olohuone

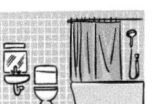

الحمّام

kylpyhuone

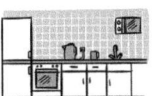

مطبخ

keittiö

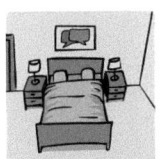

غرفة النوم

makuuhuone

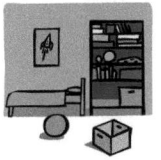

غرفة الأطفال

lastenhuone

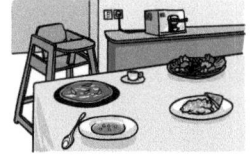

غرفة الطعام

ruokahuone

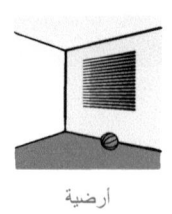

أرضية
lattia

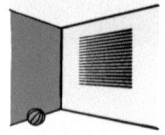

حائط
seinä

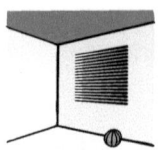

سقف
katto

قبو
kellari

ساونا
sauna

بلكون
parveke

شرفة
terassi

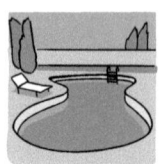

مسبح
uima-allas

جزّازة العشب
ruohonleikkuri

بياضات السرير
lakana

بطانية
päiväpeitto

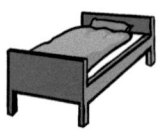

سرير
sänky

مكنسة
harja

سطل
ämpäri

مفتاح كهربائي
katkaisin

غرفة جلوس
olohuone

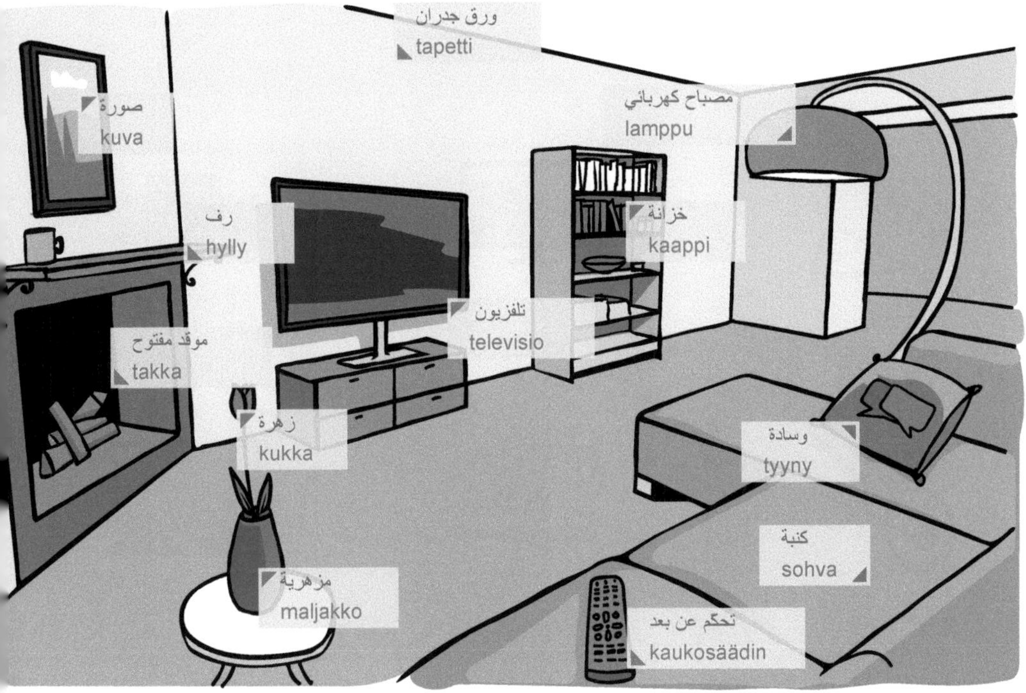

ورق جدران
tapetti
صورة
kuva
مصباح كهربائي
lamppu
رف
hylly
خزانة
kaappi
تلفزيون
televisio
موقد مفتوح
takka
زهرة
kukka
وسادة
tyyny
كنبة
sohva
مزهرية
maljakko
تحكم عن بعد
kaukosäädin

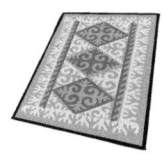

بصاط

matto

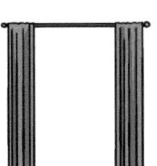

ستارة

verho

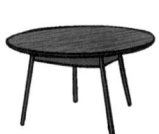

طاولة

pöytä

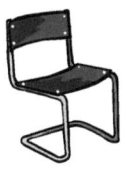

كرسي

tuoli

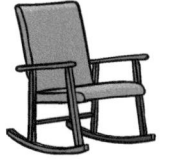

كرسي هزّاز

keinutuoli

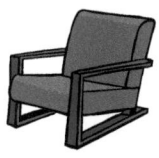

كرسي ذو ذراعين

nojatuoli

الكتاب

kirja

بطانية

peitto

زخرفة

koriste

الحطب

polttopuut

فيلم

elokuva

تجهيزات ستيريو

stereot

مفتاح

avain

جريدة

sanomalehti

لوحة مرسومة

maalaus

مُلصق

juliste

راديو

radio

دفتر ملاحظات

muistivihko

المكنسة الكهربائية

pölynimuri

صبّار

kaktus

شمعة

kynttilä

مطبخ
keittiö

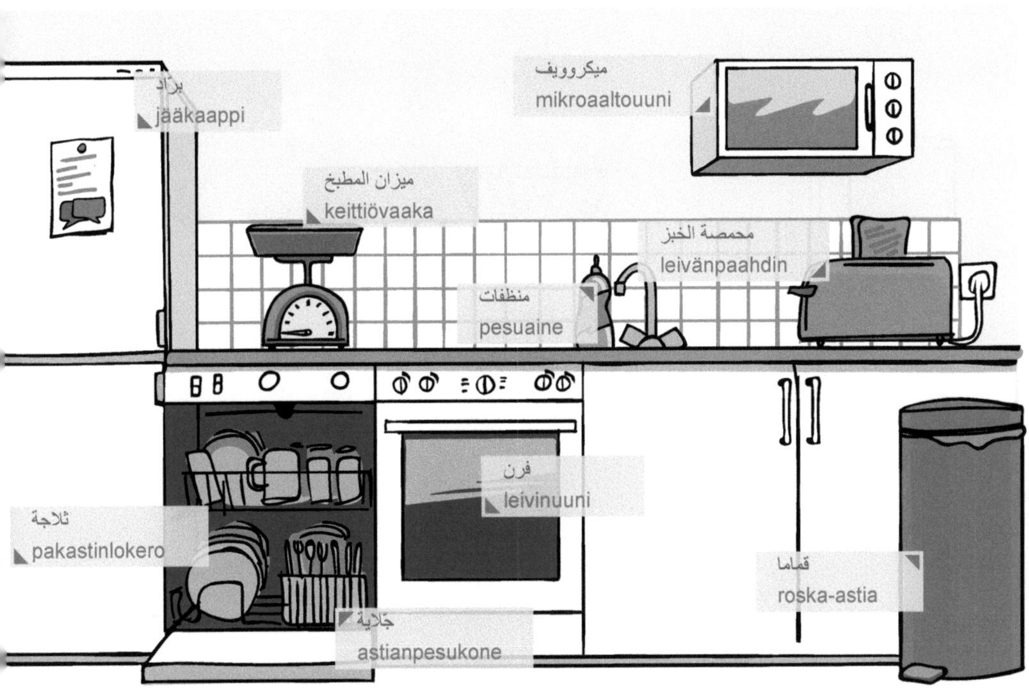
برّاد
jääkaappi
ميكروويف
mikroaaltouuni
ميزان المطبخ
keittiövaaka
محمصة الخبز
leivänpaahdin
منظفات
pesuaine
فرن
leivinuuni
ثلاجة
pakastinlokero
قماما
roska-astia
جَلاية
astianpesukone

موقد

liesi

قِدر

kattila

وعاء من الحديد

rautapata

قدر صيني

vokkipannu / kadai-pannu

مقلاة

paistinpannu

غلاية

teepannu

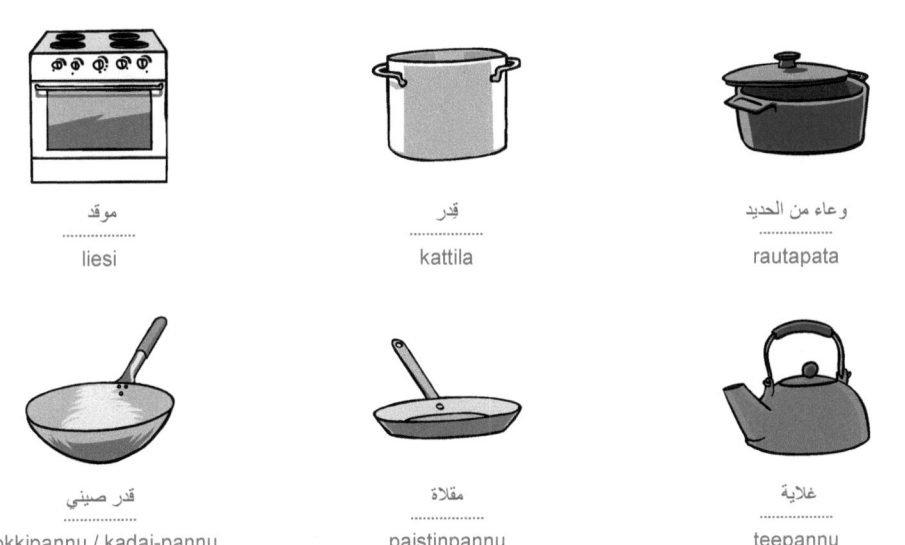

قدر البخار

höyrykeitin

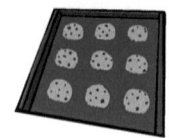

صينية

uunipelti

أواني

astiat

فنجان

muki

صحن

kulho

عيدان الأكل

syömäpuikot

مغرفة

kauha

ملعقة منبسطة

paistinlasta

خفاقة

vispilä

مصفاة

siivilä

مصفاة

siivilä

مبشرة

raastin

هاون

mortteli

شواء

grilli

موقد

avotuli

لوح التقطيع

leikkuulauta

نشّابة

kaulin

مفتاح الزجاجات

korkinavaaja

علبة

purkki

مفتاح العلب المعدنية

purkinavaaja

قماش الفرن

pannulappu

مجلى

lavuaari

فرشاة

tiskiharja

إسفنج

pesusieni

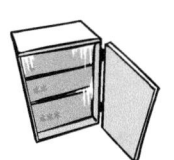

خلاط

tehosekoitin

مجمّدة

pakastin

زجاجة الطفل

tuttipullo

صنبور الماء

vesihana

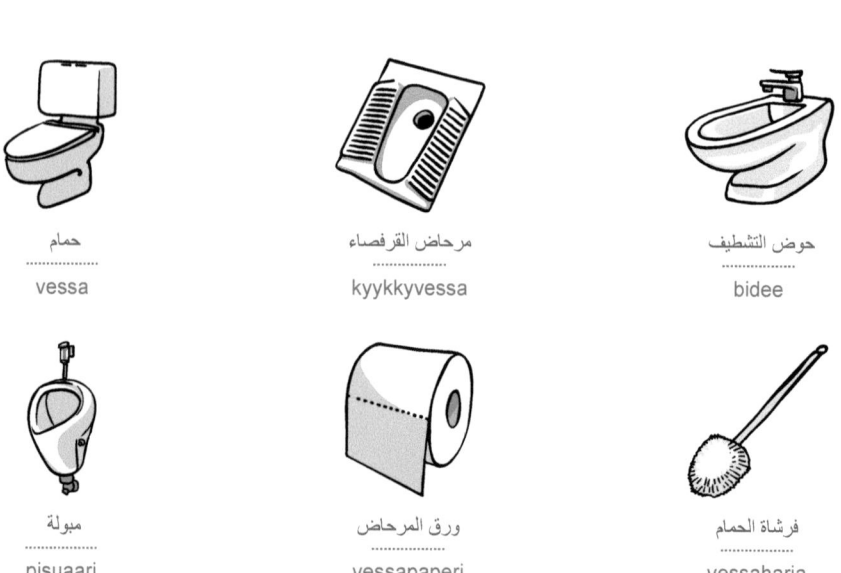

الحمّام

kylpyhuone

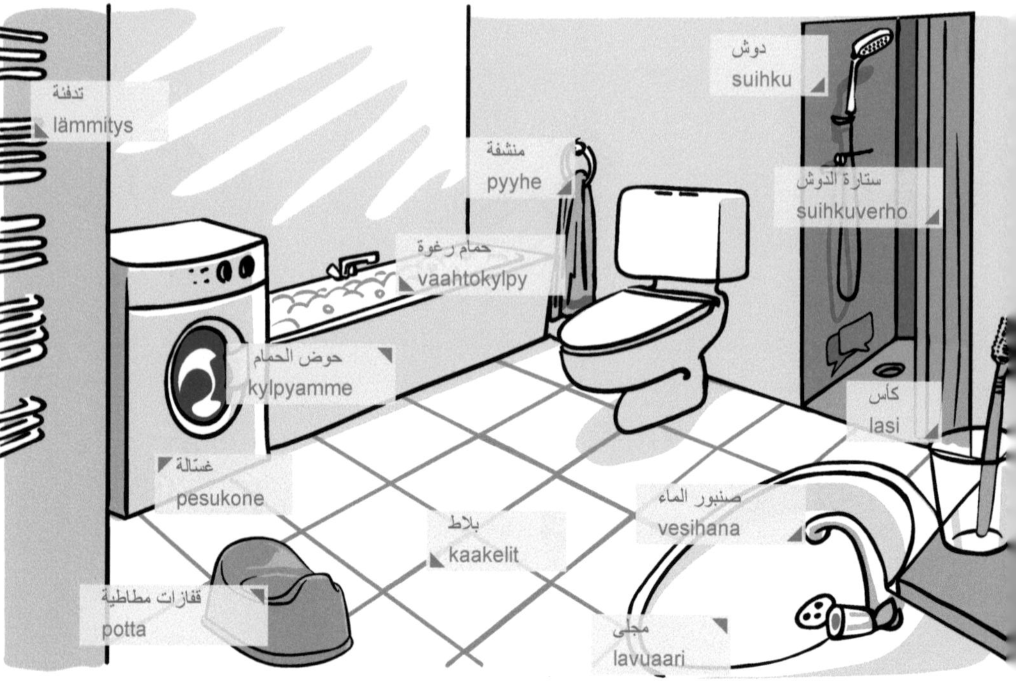
دوش
suihku
تدفئة
lämmitys
منشفة
pyyhe
ستارة الدوش
suihkuverho
حمام رغوة
vaahtokylpy
حوض الحمام
kylpyamme
كأس
lasi
غسّالة
pesukone
صنبور الماء
vesihana
بلاط
kaakelit
قفازات مطاطية
potta
مجلى
lavuaari

حمام

vessa

مرحاض القرفصاء

kyykkyvessa

حوض التشطيف

bidee

مبولة

pisuaari

ورق المرحاض

vessapaperi

فرشاة الحمام

vessaharja

فرشاة الأسنان

hammasharja

معجون الأسنان

hammastahna

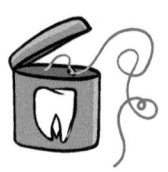

خيط حرير لتنظيف الأسنان

hammaslanka

يغسل

pestä

رشاش ماء يدوي

käsisuihku

شطاف

intiimisuihku

حوض الغسيل

pesuvati

فرشاة الظهر

selkäharja

صابون

saippua

جيل الدوش

suihkugeeli

شامبو

shampoo

ممسحة

pesulappu

مصرف للماء

viemäri

مرهم

voide

مزيل الروائح

deodorantti

مرآة

peili

مرآة يد

käsipeili

موس حلاقة

partaveitsi

رغوة الحلاقة

partavaahto

كولونيا

partavesi

مشط

kampa

فرشاة

harja

سشوار

hiustenkuivaaja

مثبت للشعر

hiuslakka

ماكياج

meikki

روج

huulipuna

طلاء أظافر

kynsilakka

قطن

pumpuli

مقص أظافر

kynsisakset

عطر

hajuvesi

الحمّام - kylpyhuone

سلّة الغسيل

kosmetiikkalaukku

مقعد صغير

jakkara

ميزان

vaaka

معطف الحمام

kylpytakki

قفازات مطاطية

kumihansikkaat

سدادة قطنية

tamponi

منشفة صحية

terveysside

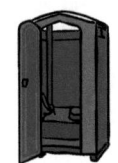

تواليت كيميائية

kemiallinen wc

غرفة الأطفال
lastenhuone

منبّه
herätyskello
الحيوانات المحنطة
pehmolelu
سيارة لعبة
leikkiauto
خشخشة
helistin
بيت الدمى
nukkekoti
هدية
lahja

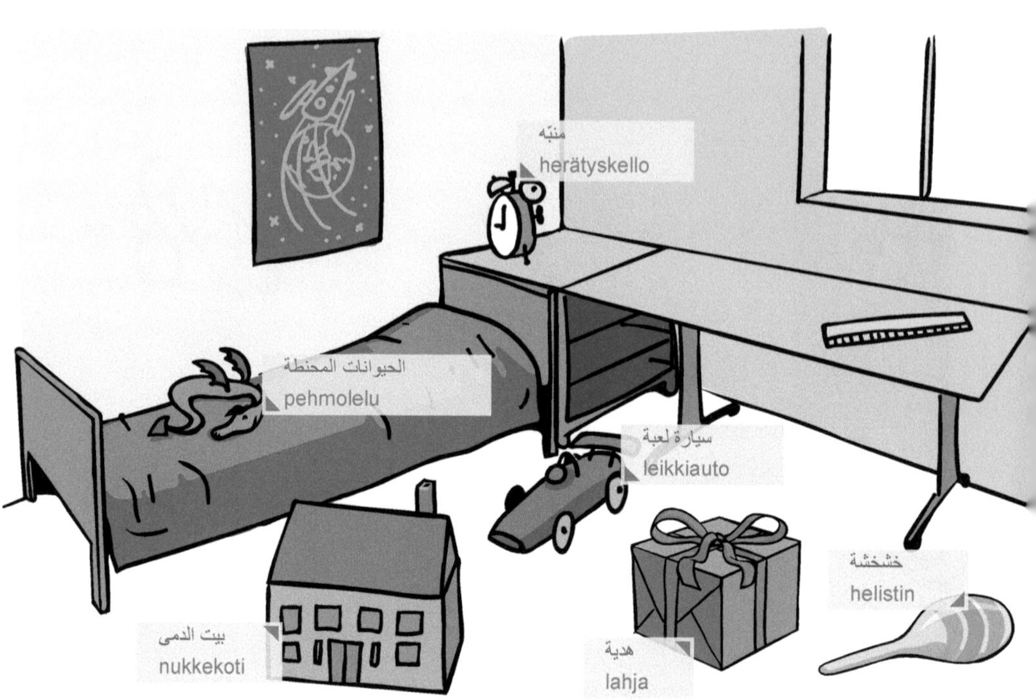

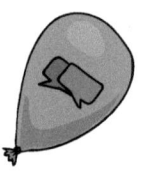

بالون
ilmapallo

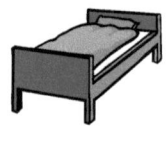

سرير
sänky

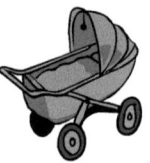

عربة الأطفال
lastenvaunut

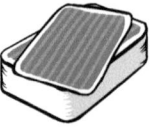

لعبة الورق
korttipeli

أحجية
palapeli

SUPER MEGA

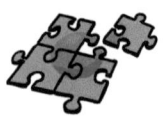

رسوم هزلية
sarjakuva

أحجار الليغو

legopalikat

حجارة تركيب

rakennuspalikat

دمية بطل

supersankari

لباس الطفل

potkupuku

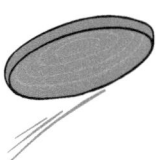

فريسبي

frisbee

دمية معلّقة

mobile

لعبة الطاولة

lautapeli

لعبة النرد

noppa

لعبة قطار

pienoisjunarata

مصّاصة

tutti

حفلة

juhlat

كتاب مصوّر

kuvakirja

كرة

pallo

دمية

nukke

يلعب

leikkiä

ملعب رملي للأطفال

hiekkalaatikko

أرجوحة

keinu

لعبة

lelut

ألعاب فيديو

pelikonsoli

دراجة ثلاثية

kolmipyörä

دمية على شكل الدب

nalle

خزانة الثياب

vaatekaappi

ثياب

vaatteet

جوارب قصيرة

sukat

جوارب طويلة

nylonsukat

جورب بنطلون

sukkahousut

شال
kaulaliina

حزام
vyö

شمسية
sateenvarjo

تي شيرت
t-paita

أحذية رياضية
lenkkarit

حذاء شتوي
saappaat

شبشب
sisätossut

صندل
....
sandaalit

حذاء
....
kengät

جزمة كاوتشوك
....
kumisaappaat

سروال داخلي
....
alushousut

صدّارة
....
rintaliivit

قميص داخلي
....
aluspaita

لباس ملاصق للجسم

body

بنطلون

housut

جينز

farkut

تنورة

hame

بلوزة

pusero

قميص

paita

سترة قطنية

villapaita

كنزة كم طويل

collegepaita

سترة فضفاضة

jakku

سترة

takki

معطف

takki

معطف مطري

sadetakki

زي - طقم نسائي

puku

ثوب

mekko

ثوب الزفاف

hääpuku

طقم

puku

قميص نوم

yöpaita

بيجاما

pyjama

ساري

shari

حجاب

päähuivi

عمامة

turbaani

برقع

burka

قفطان

kaftaani

عباءة

abaya

مايوه

uimapuku

سروال سباحة

uimahousut

شرت

shortsit

بدلة رياضية

verkkarit

مئزر

esiliina

ققازات

käsineet

زر

nappi

نظّارة

silmälasit

إسوارة

rannekoru

عقد

kaulakoru

خاتم

sormus

قرط

korvakoru

طاقيّة

lippalakki

علاقة ثياب

ripustin

قبّعة

hattu

ربطة العنق

solmio

سحّاب

vetoketju

خوذة

kypärä

حمّالة البنطلون

henkselit

اللباس المدرسي

koulupuku

زي موحّد

univormu

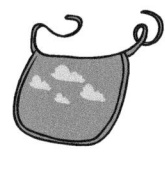

مريلة الأطفال

ruokalappu

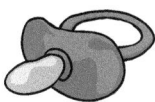

مصّاصة

tutti

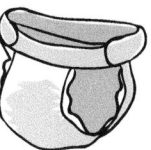

لفافة

vaippa

مكتب

toimisto

المخدم
palvelin
خزانة الملفات
asiakirjakaappi
طابعة
tulostin
ورقة
paperi
شاشة
näyttö
فارة
hiiri
طاولة المكتب
kirjoituspöytä
ملف
kansio
لوحة المفاتيح
näppäimistö
قمامة
roskakori
حاسوب
tietokone
كرسي
tuoli

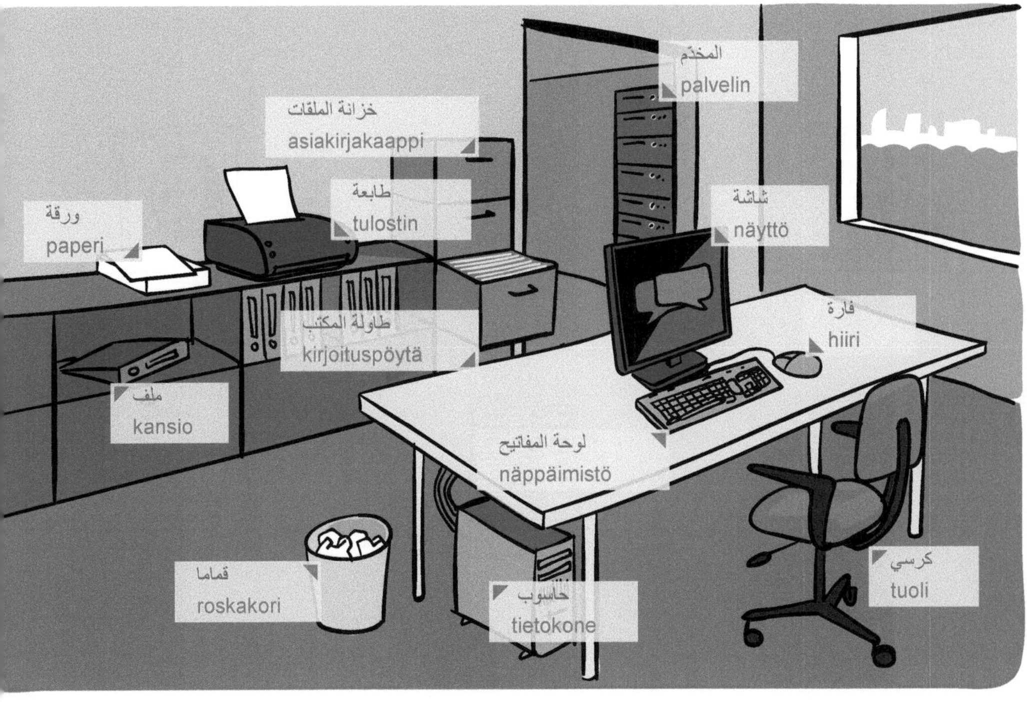

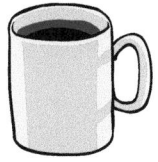

كأس من القهوة

kahvimuki

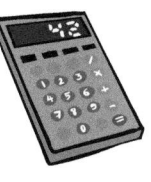

الآلة الحاسبة

taskulaskin

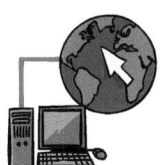

الإنترنت

internet

الحاسوب المحمول

kannettava tietokone

رسالة

kirje

خبر

viesti

الهاتف المحمول

kännykkä

شبكة

verkko

جهاز تصوير

kopiokone

البرمجيات

ohjelmisto

هاتف

puhelin

مقبس كهرباني

pistorasia

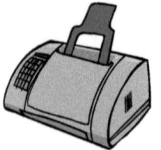

فاكس

faksi

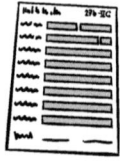

استمارة

lomake

وثيقة

asiakirja

يشتري

ostaa

يدفع

maksaa

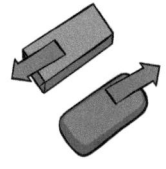

يتاجر

vaihtaa

مال

raha

دولار

dollari

يورو

euro

ين

jeni

روبل

rupla

فرنك سويسري

frangi

يوان

renminbi juan

روبية

rupia

صرّاف آلي

pankkiautomaatti

مكتب صرافة

rahanvaihto

ذهب

kulta

فضة

hopea

نفط

öljy

طاقة

energia

سعر

hinta

عقد

sopimus

ضريبة

vero

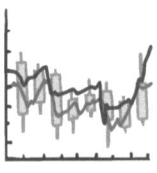

سهم

osake

يعمل

työskennellä

موظف

työntekijä

رب العمل

työnantaja

مصنع

tehdas

متجر

liike

المِهَن
ammatit

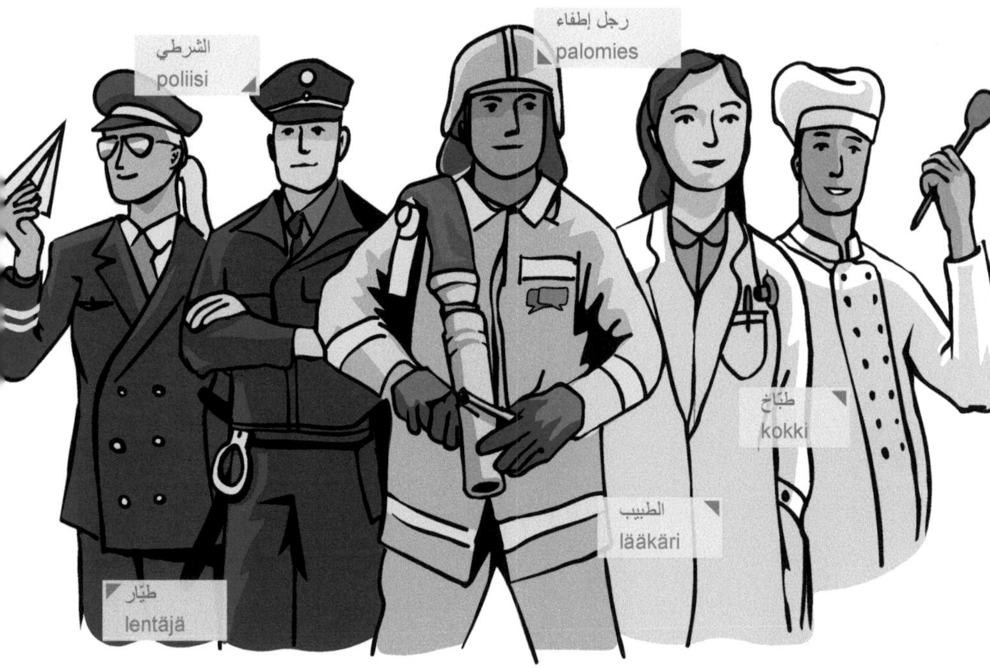
الشرطي
poliisi
رجل إطفاء
palomies
طبّاخ
kokki
الطبيب
lääkäri
طيّار
lentäjä

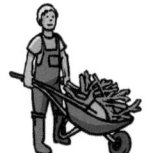

بستاني
....
puutarhuri

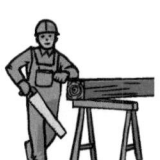

نجّار
....
puuseppä

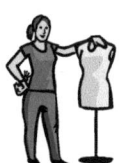

خيّاطة
....
ompelija

قاض
....
tuomari

كيميائي
....
kemisti

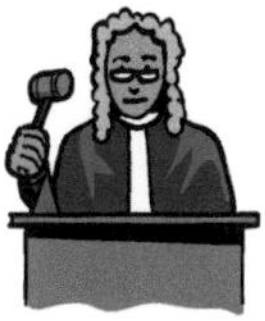

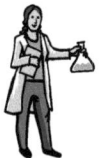

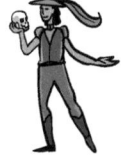

ممثل
....
näyttelijä

سائق حافلة

linja-autonkuljettaja

سائق تاكسي

taksinkuljettaja

صياد سمك

kalastaja

أجيرة للتنظيف

siivooja

بنّاء سقف

katontekijä

نادل

tarjoilija

صيّاد

metsästäjä

رسّام

maalari

خبّاز

leipuri

كهربائي

sähköasentaja

عامل بناء

rakentaja

مهندس

insinööri

لحّام

teurastaja

سمكري

putkiasentaja

ساعي البريد

postinjakaja

جندي

sotilas

مهندس معماري

arkkitehti

أمين صندوق

kassanhoitaja

بائع الزهور

floristi

حلاق

kampaaja

مراقب القطار

konduktööri

ميكانيكي

mekaanikko

قبطان

kapteeni

طبيب أسنان

hammaslääkäri

رجل العلم

tiedemies

حاخام

rabbi

إمام

imaami

راهب

munkki

كاهن

pappi

عدة عمل

työkalut

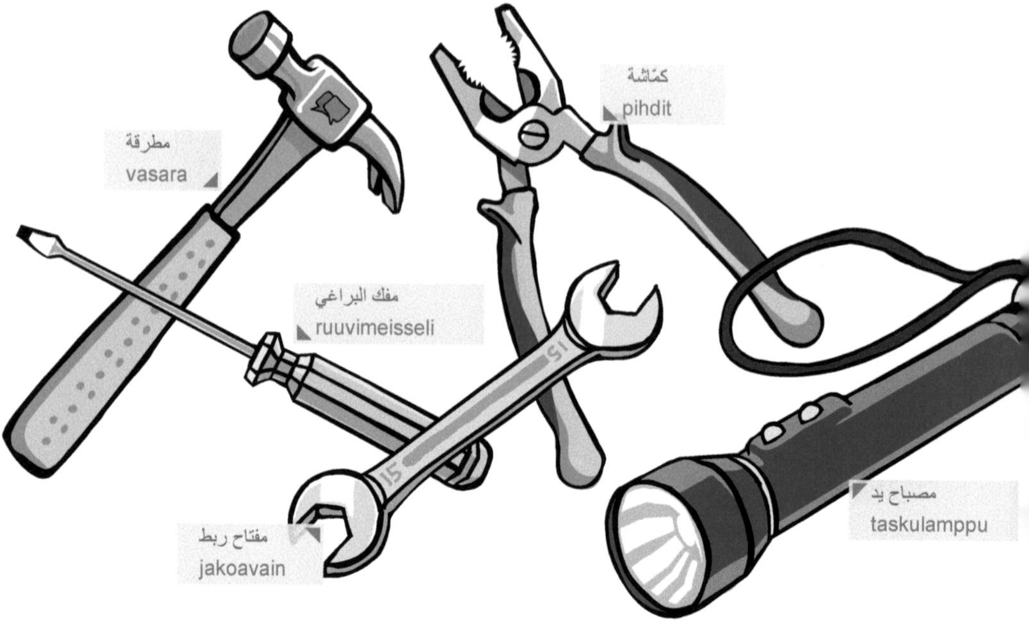

مطرقة
vasara
كمّاشة
pihdit
مفك البراغي
ruuvimeisseli
مفتاح ربط
jakoavain
مصباح يد
taskulamppu

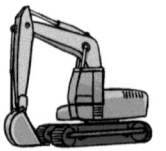

جرافة

kaivinkone

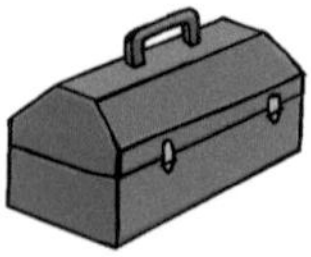

صندوق العدة

työkalupakki

سلّم

tikkaat

منشار

saha

مسامير

naulat

مثقب

pora

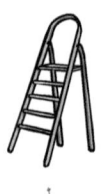

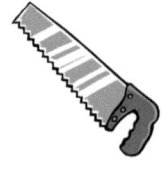

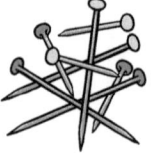

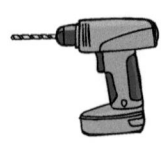

يصلح

korjata

مجرفة

lapio

اللعنة

Hitto!

لقاطة الكناسة

rikkalapio

سطل الألوان

maalipurkki

براغي

ruuvit

آلات موسيقية

soittimet

آلات الإيقاع
rummut

مكبر الصوت
kaiuttimet

غيتار
kitara

كمان أجهر
kontrabasso

بوق
trumpetti

بيانو

piano

كمنجة

viulu

جهير

basso

طبل كبير

patarummut

طبل

rumpu

بيانو كهربائي

kosketinsoitin

ساكسوفون

saksofoni

ناي

huilu

ميكروفون

mikrofoni

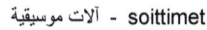

حديقة حيوانات

eläintarha

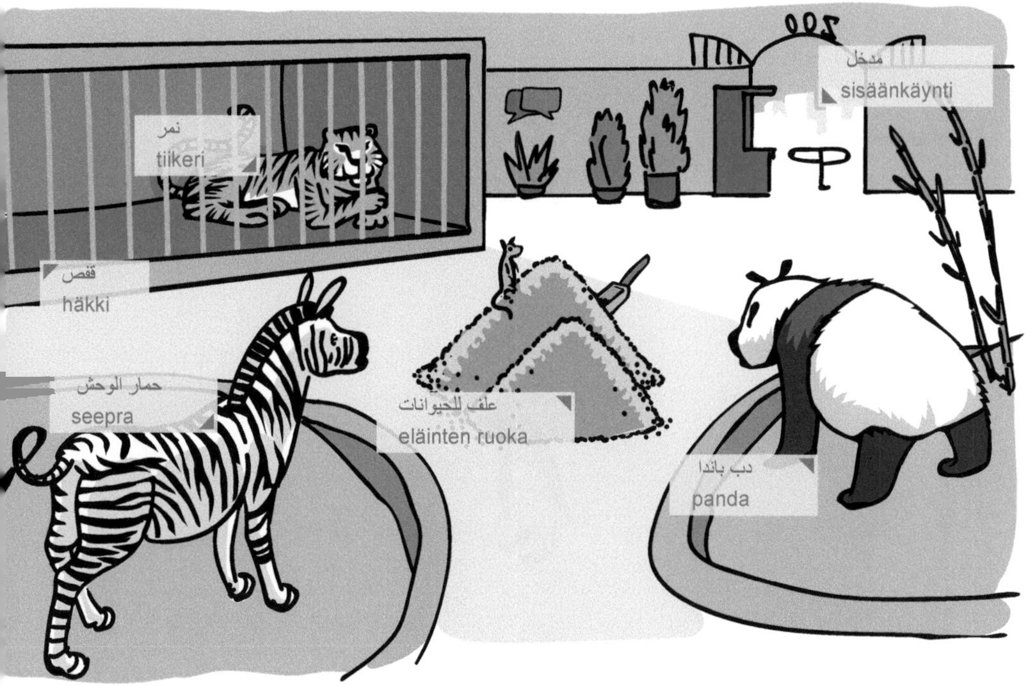
مدخل
sisäänkäynti
نمر
tiikeri
قفص
häkki
حمار الوحش
seepra
علف للحيوانات
eläinten ruoka
دب باندا
panda

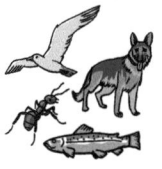

حيوانات

eläimet

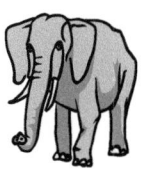

فيل

norsu

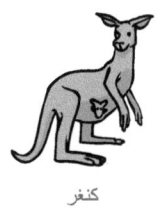

كنغر

kenguru

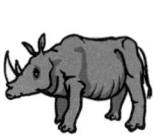

وحيد القرن

sarvikuono

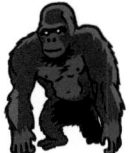

غوريلا

gorilla

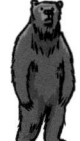

دب

karhu

جمل

kameli

نعامة

strutsi

أسد

leijona

قرد

apina

طائر فلامينغو

flamingo

ببغاء

papukaija

دب قطبي

jääkarhu

بطريق

pingviini

سمك القرش

hai

طاووس

riikinkukko

أفعى

käärme

تمساح

krokotiili

حارس في حديقة الحيوان

eläintarhanhoitaja

عجل البحر

hylje

نمر أمريكي مرقط

jaguaari

فرس قزم
....
poni

نمر
....
leopardi

فرس النهر
....
virtahepo

زرافة
....
kirahvi

نسر
....
kotka

خنزير برّي
....
villisika

سمك
....
kala

سلحفاة
....
kilpikonna

حيوان فظ البحري
....
mursu

ثعلب
....
kettu

غزال
....
gaselli

كرة القدم الأمريكية
amerikkalainen jalkapallo

ركوب الدراجات
pyöräily

كرة التنس
tennis

كرة السلة
koripallo

السباحة
uinti

هوكي الجليد
jääkiekko

الملاكمة
nyrkkeily

كرة القدم
jalkapallo

الريشة الطائرة
sulkapallo

ألعاب القوى الخفيفة
yleisurheilu

كرة اليد
käsipallo

التزلج على الثلج
hiihto

بولو
poolo

يضحك
nauraa

يقفز
hypätä

يعانق
halata

يمشي
kävellä

يغنّي
laulaa

يحلم
unelmoida

يصلّي
rukoilla

يقبّل
suudella

يكتب
kirjoittaa

يرسم
piirtää

يُري
näyttää

يدفع
painaa

يعطي
antaa

يأخذ
ottaa

يملك

omistaa

يعمل

tehdä

يوجد

olla

يقف

seisoa

يركض

juosta

يسحب

vetää

يرمي

heittää

يقع

kaatua

يستلقي

maata

ينتظر

odottaa

يحمل

kantaa

يجلس

istua

يلبس

pukeutua

ينام

nukkua

يستيقظ

herätä

ينظر إلى ..

katsoa

يبكي

itkeä

يمسّد

silittää

يمشّط

kammata

يتكلم

puhua

يفهم

ymmärtää

يسأل

kysyä

يسمع

kuunnella

يشرب

juoda

يأكل

syödä

يرتب

siivota

يحب

rakastaa

يطبخ

keittää

يقود

ajaa

يطيّر

lentää

يبحر بزورق شراعي

purjehtia

يحسب

laskea

يقرأ

lukea

يتعلم

oppia

يعمل

työskennellä

يتزوج

mennä naimisiin

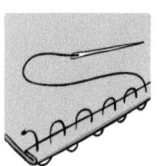

يخيط

ommella

ينظف أسنانه

pestä hampaat

يقتّل

tappaa

يدخّن

tupakoida

يرسل

lähettää

عائلة

perhe

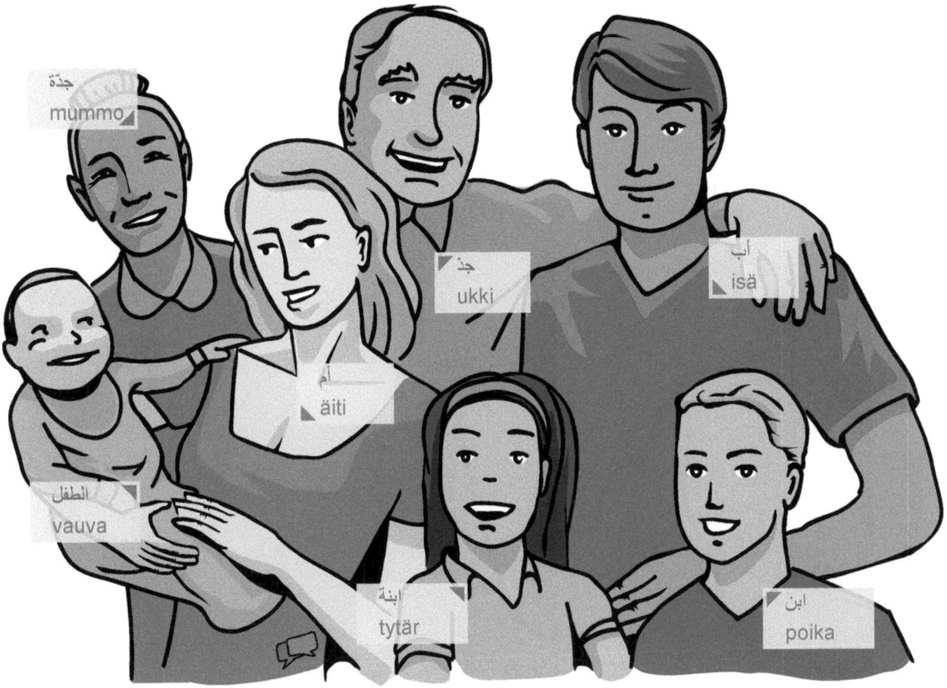

جدّة
mummo
جدّ
ukki
أب
isä
أم
äiti
الطفل
vauva
ابنة
tytär
ابن
poika

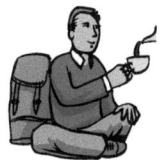

ضيف

vieras

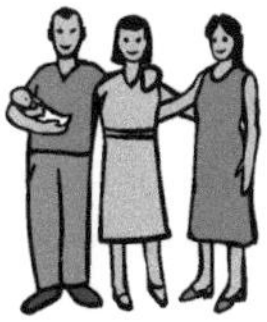

عمّة / خالة

täti

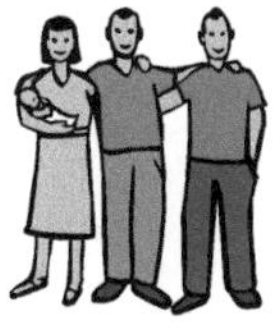

عمّ / خال

setä

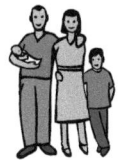

أخ

veli

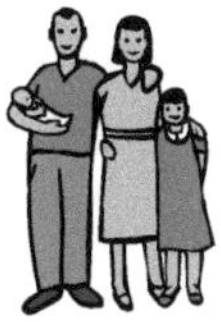

أخت

sisko

الجسم
vartalo

الجبين
otsa
العين
silmä
الكتف
olkapää
الإصبع
sormet
الوجه
kasvot
الذقن
leuka
اليد
käsi
الساق
jalka
الصدر
rinta
الذراع
käsivarsi

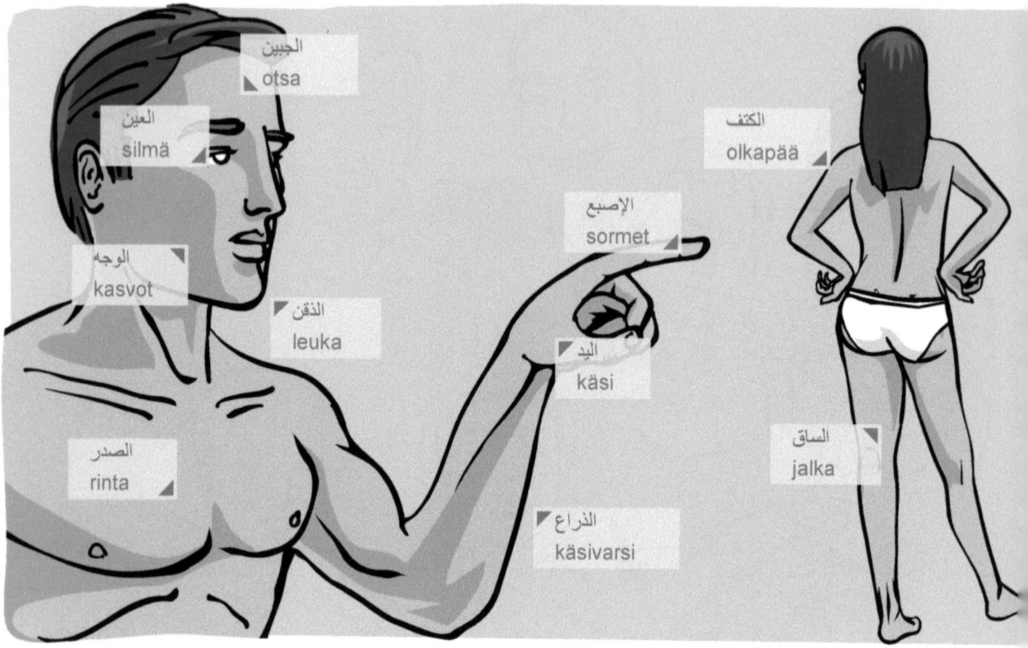

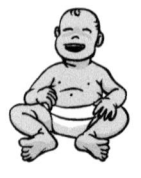

الطفل

vauva

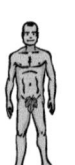

الرجل

mies

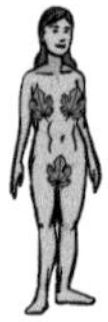

المرأة

nainen

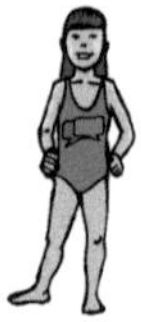

البنت

tyttö

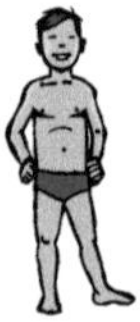

الولد

poika

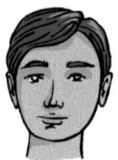

الرأس

pää

الظهر

selkä

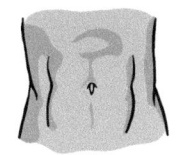

البطن

maha

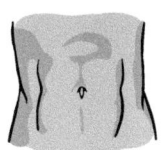

السرّة

napa

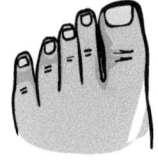

إصبع القدم

varvas

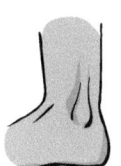

الكعب

kantapää

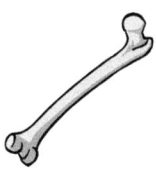

العظم

luu

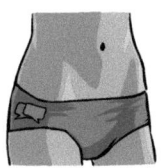

الورك

lantio

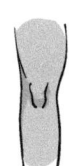

الركبة

polvi

المرفق

kyynärpää

الأنف

nenä

العَجُز

takapuoli

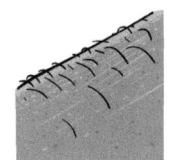

البشرة

iho

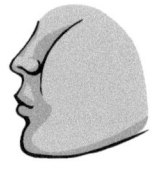

الخد

poski

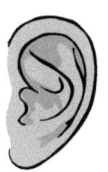

الأذن

korva

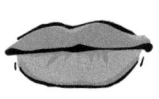

الشّفة

huuli

الفم

suu

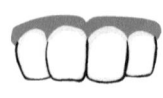

السن

hammas

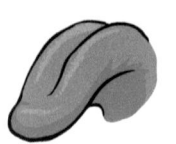

اللسان

kieli

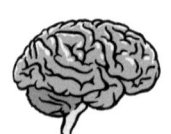

الدماغ

aivot

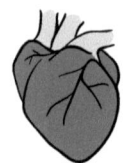

القلب

sydän

العضلة

lihas

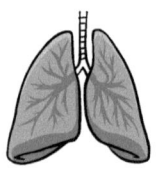

الرئة

keuhkot

الكبد

maksa

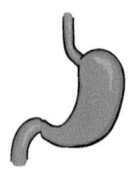

المعدة

vatsa

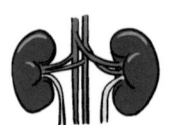

الكلى

munuaiset

الاتصال الجنسي

seksi

الواقي المطاطي

kondomi

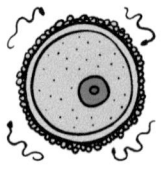

البويضة

munasolu

المنيّ

sperma

الحمل

raskaus

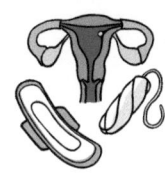

الحيض

kuukautiset

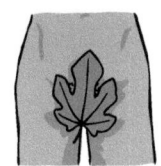

المهبل

vagina

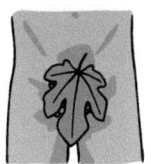

القضيب

penis

الحاجب

kulmakarvat

الشعر

hiukset

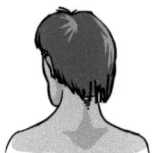

الرقبة

niska

المستشفى
sairaala

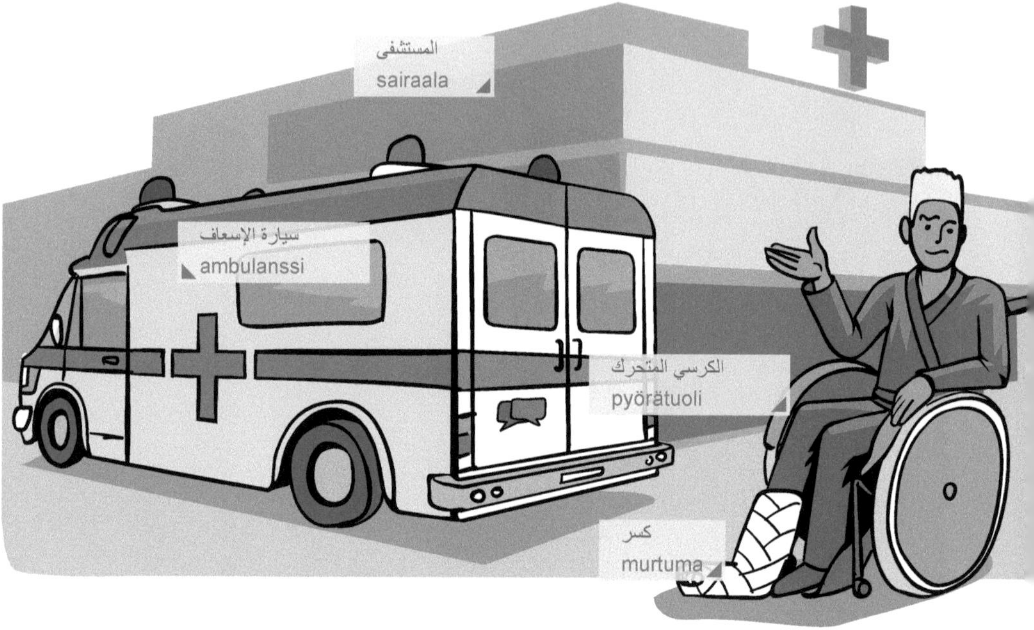

المستشفى
sairaala
سيارة الإسعاف
ambulanssi
الكرسي المتحرك
pyörätuoli
كسر
murtuma

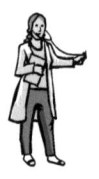

الطبيب

lääkäri

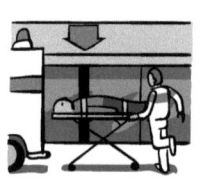

غرفة الإسعاف

ensiapu

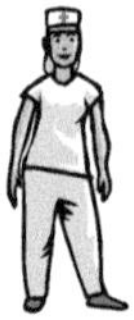

الممرضة

sairaanhoitaja

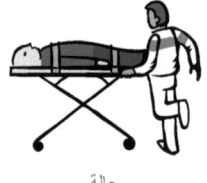

حالة

hätätilanne

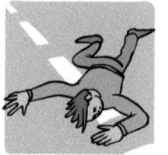

مغمى عليه

tajuton

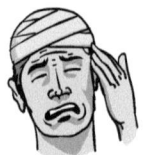

الألم

kipu

إصابة

vamma

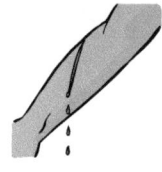

النزيف

verenvuoto

احتشاء القلب

sydänkohtaus

جلطة

aivoinfarkti

حسسية

allergia

السعال

yskä

الحُمّى

kuume

إنفلونزا

flunssa

الإسهال

ripuli

وجع الرأس

päänsärky

السرطان

syöpä

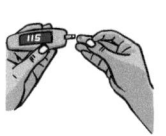

مرض السكر

diabetes

جرّاح

kirurgi

مبضع

veitsi

عملية

leikkaus

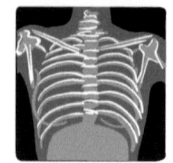

سيتي سكان
....
ct

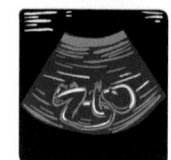

الأشعة السينية
....
röntgen

فوق الصوتي
....
ultraääni

القناع
....
maski

المرض
....
sairaus

غرفة الانتظار
....
odotushuone

العُكّاز
....
sauva

شريط لاصق
....
laastari

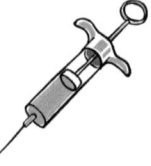

ضماد
....
side

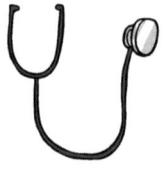

حقنة
....
pistos

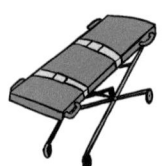

سمّاعة الطبيب
....
stetoskooppi

نقالة
....
paarit

ميزان حرارة
....
kuumemittari

ولادة
....
syntymä

وزن زائد
....
ylipaino

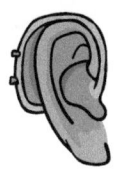

جهاز السمع

kuulolaite

المواد المعقّمة

desinfiointiaine

عدوى

infektio

فيروس

virus

الإيدز

HIV / AIDS

الطب

lääke

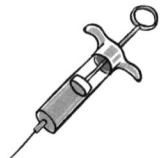

اللقاح

rokotus

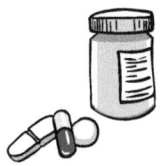

أقراص الدواء

tabletit

حبّة الدواء

pilleri

نداء النجدة

hätäpuhelu

مقياس ضغط الدم

verenpainemittari

مريض / صحيح

sairas / terve

النجدة!

Apua!

إنذار

hälytys

اعتداء

ryöstö

هجوم

hyökkäys

خطر

vaara

مخرج طوارئ

hätäuloskäynti

حريق!

Tulipalo!

جهاز الإطفاء

palosammutin

حادث

onnettomuus

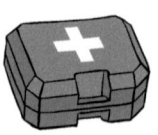

حقيبة الإسعاف الأولي

ensiapulaukku

أنقذونا

SOS

الشرطة

poliisilaitos

أوروبا

Eurooppa

أمريكا الشمالية

Pohjois-Amerikka

أمريكا الجنوبية

Etelä-Amerikka

أفريقيا

Afrikka

آسيا

Aasia

أستراليا

Australia

المحيط الأطلسي

Atlantin valtameri

المحيط الهادي

Tyynimeri

المحيط الهندي

Intian valtameri

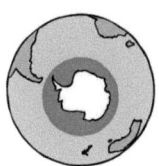

المحيط المتجمد الجنوبي

Eteläinen jäämeri

المحيط المتجمد الشمالي

Pohjoinen jäämeri

القطب الشمالي

pohjoisnapa

القطب الجنوبي

etelänapa

منطقة القطب الجنوبي

Antarktis

أرض

maa

بر

maa

بحر

meri

جزيرة

saari

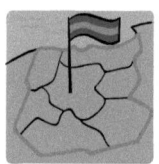

أمة

kansa

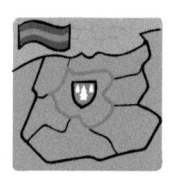

دولة

osavaltio

ميناء الساعة

kellotaulu

عقرب الساعات

tuntiviisari

عقرب الدقائق

minuuttiviisari

عقرب الثواني

sekuntiviisari

كم الساعة الآن؟

Paljonko kello on?

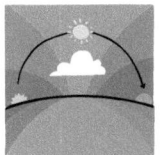

يوم

päivä

زمن

aika

الآن

nyt

ساعة رقمية

digitaalikello

دقيقة

minuutti

ساعة

tunti

أسبوع

viikko

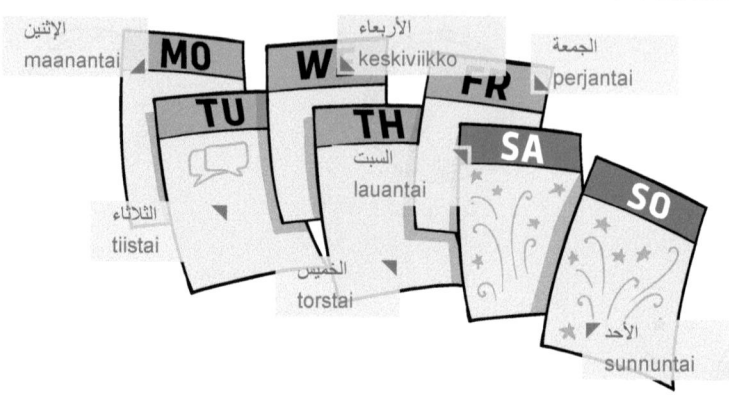

الإثنين maanantai
الثلاثاء tiistai
الأربعاء keskiviikko
الخميس torstai
الجمعة perjantai
السبت lauantai
الأحد sunnuntai

الأمس
eilen

اليوم
tänään

غداً
huomenna

الصباح
aamu

الظهر
keskipäivä

المساء
ilta

أيام العمل
työpäivät

نهاية الأسبوع
viikonloppu

سنة

vuosi

مطر
sade
قوس قزح
sateenkaari
ريح
tuuli
ثلج
lumi
الربيع
kevät
الصيف
kesä
الخريف
syksy
الشتاء
talvi

4.APRIL 11°
5.APRIL 4°
6.APRIL 13°
7.APRIL 8°
8.APRIL 10°

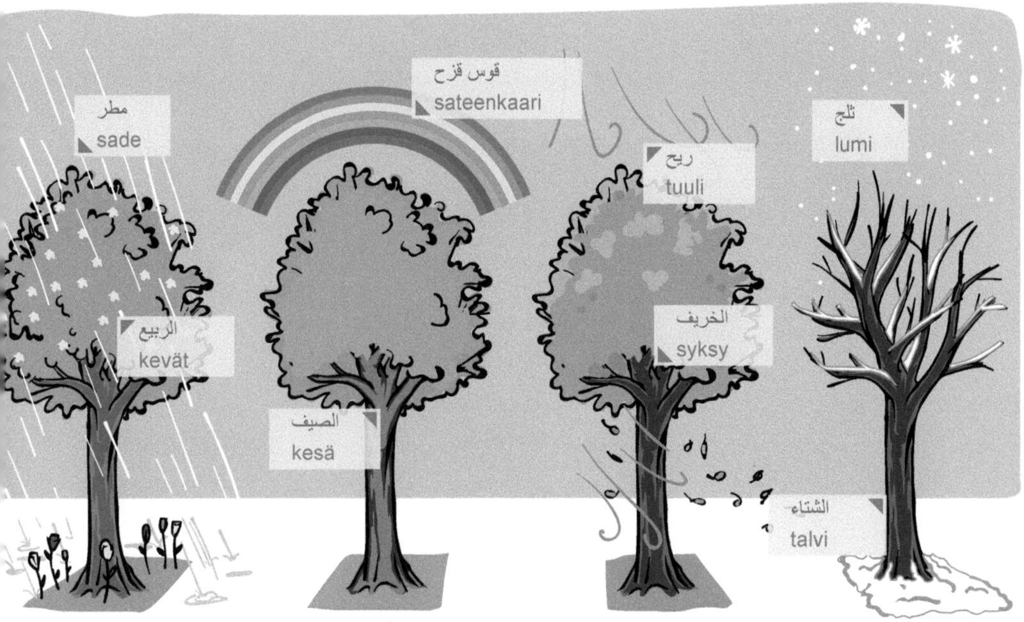

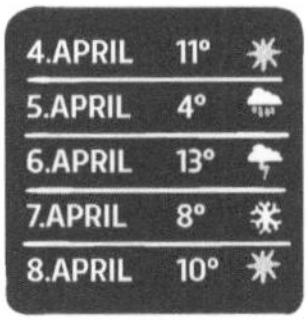

التنبّؤ بالحالة الجوية
....
sääennuste

F
C
120
90
60
30
0
-30
40
30
20
10
0
-10
-20

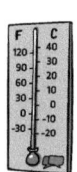

مقياس حرارة
....
lämpömittari

ضوء الشمس
....
auringonpaiste

سحابة
....
pilvi

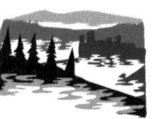

ضباب
....
sumu

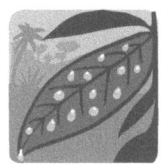

رطوبة الجو
....
ilmankosteus

برق

salama

رعد

ukkonen

عاصفة

myrsky

بَرَد

rae

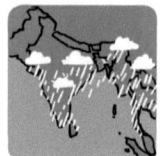

ريح موسمية

monsuuni

طوفان

tulva

جليد

jää

كانون الثاني / يناير

tammikuu

شباط / فبراير

helmikuu

آذار / مارس

maaliskuu

نيسان / أبريل

huhtikuu

أيار / مايو

toukokuu

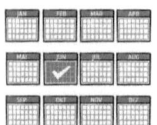

حزيران / يونيو

kesäkuu

تموز / يوليو

heinäkuu

آب / أغسطس

elokuu

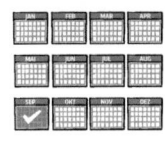

أيلول / سبتمبر
....
syyskuu

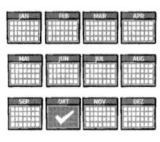

تشرين الأول / أكتوبر
....
lokakuu

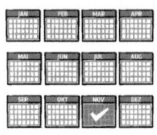

تشرين الثاني / نوفمبر
....
marraskuu

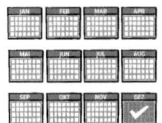

كانون الأول / ديسمبر
....
joulukuu

أشكال

muodot

دائرة
....
ympyrä

مربّع
....
neliö

مستطيل
....
suorakulmio

مثلّث
....
kolmio

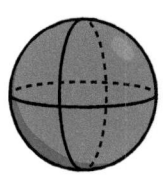

كرة
....
pallo

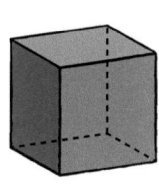

مكعب
....
kuutio

أبيض

valkoinen

أصفر

keltainen

برتقالي

oranssi

وردي

vaaleanpunainen

أحمر

punainen

بنفسجي

violetti

أزرق

sininen

أخضر

vihreä

بنّي

ruskea

رمادي

harmaa

أسود

musta

vastakohdat

كثير / قليل

paljon / vähän

غضبان / هادئ

vihainen / ystävällinen

جميل / قبيح

kaunis / ruma

بداية / نهاية

alku / loppu

كبير / صغير

suuri / pieni

فاتح / قاتم

vaalea / tumma

أخ / أخت

veli / sisko

نظيف / وسخ

puhdas / likainen

كامل / ناقص

täydellinen / epätäydellinen

نهار / ليل

päivä / yö

ميت / حيّ

kuollut / elävä

عريض / ضيّق

leveä / kapea

صالح للأكل / غير صالح

syötävä / syömäkelvoton

شرّير / لطيف

paha / kiltti

مثير / ممل

innostunut / tylsistynyt

سمين / نحيف

lihava / laiha

أولا / أخيرًا

ensimmäinen / viimeinen

صديق / عدو

ystävä / vihollinen

مليء / فارغ

täysi / tyhjä

صلب / لّين

kova / pehmeä

ثقيل / خفيف

painava / kevyt

جوع / عطش

nälkä / jano

مريض / صحيح

sairas / terve

غير شرعي / شرعي

laiton / laillinen

ذكي / غبي

älykäs / tyhmä

يسار / يمين

vasen / oikea

قريب / بعيد

lähellä / kaukana

جديد / مستعمل

uusi / käytetty

لا شيء / بعض الشيء

ei mitään / jotain

مسين / شاب

vanha / nuori

يشعل / يطفئ

päällä / pois päältä

مفتوح / مغلق

auki / kiinni

خافت / عالٍ

hiljainen / äänekäs

غني / فقير

rikas / köyhä

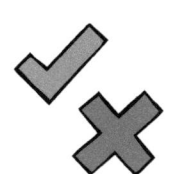

صح / خطأ

oikein / väärin

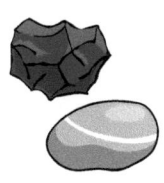

أخرش / املس

karhea / sileä

حزين / سعيد

surullinen / iloinen

قصير / طويل

lyhyt / pitkä

بطيء / سريع

hidas / nopea

مبلول / جاف

märkä / kuiva

ساخن / بارد

lämmin / viileä

حرب / سلم

sota / rauha

0	**1**	**2**
صفر	واحد	اثنان
nolla	yksi	kaksi

3	**4**	**5**
ثلاثة	أربعة	خمسة
kolme	neljä	viisi

6	**7**	**8**
ستة	سبعة	ثمانية
kuusi	seitsemän	kahdeksan

9	**10**	**11**
تسعة	عشرة	أحد عشر
yhdeksän	kymmenen	yksitoista

12

اثنا عشر

kaksitoista

13

ثلاثة عشر

kolmetoista

14

أربعة عشر

neljätoista

15

خمسة عشر

viisitoista

16

ستة عشر

kuusitoista

17

سبعة عشر

seitsemäntoista

18

ثمانية عشر

kahdeksantoista

19

تسعة عشر

yhdeksäntoista

20

عشرون

kaksikymmentä

100

مائة

sata

1.000

ألف

tuhat

1.000.000

مليون

miljoona

الإنكليزية

englanti

الإنكليزية الأمريكية

amerikanenglanti

لغة ماندارين الصينية

mandariinikiina

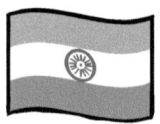

الهندية

hindi

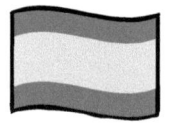

الإسبانية

espanja

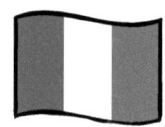

الفرنسية

ranska

العربية

arabia

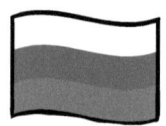

الروسية

venäjä

البرتغالية

portugali

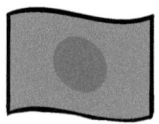

البنغالية

bengali

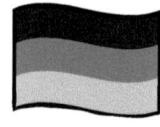

الألمانية

saksa

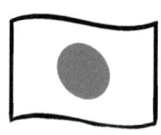

اليابانية

japani

أنا

minä

أنت

sinä

هو / هي

hän

نحن

me

أنتم

te

هم

he

من؟

kuka?

ماذا؟

mitä / mikä?

كيف؟

miten?

أين؟

missä?

متى؟

milloin?

اسم

nimi

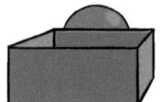

خلف

takana

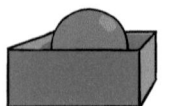

في

sisällä

أمام

edessä

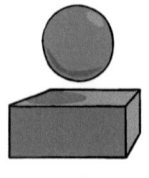

فوق

yläpuolella

على

päällä

تحت

alapuolella

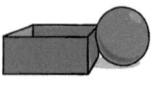

جنب

vieressä

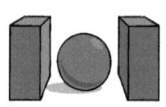

بين

välissä

مكان

paikka